探秘三星堆
梦回古蜀国

——综合实践活动手册

李青 刘莉 满天◎主编

四川大学出版社
SICHUAN UNIVERSITY PRESS

图书在版编目（CIP）数据

探秘三星堆　梦回古蜀国：综合实践活动手册 ／ 李青，刘莉，满天主编 ． — 成都 ：四川大学出版社，2023.7（2025.4 重印）

ISBN 978-7-5690-6159-8

Ⅰ．①探… Ⅱ．①李… ②刘… ③满… Ⅲ．①活动课程－中小学－教学参考资料 Ⅳ．① G632.3

中国国家版本馆 CIP 数据核字（2023）第 104321 号

书　　名：探秘三星堆 梦回古蜀国——综合实践活动手册

　　　　　Tanmi Sanxingdui Menghui Gushuguo——Zonghe Shijian Huodong Shouce

主　　编：李 青 刘 莉 满 天

选题策划：唐　飞

责任编辑：刘柳序

责任校对：吴连英

装帧设计：墨创文化

责任印制：王　炜

出版发行：四川大学出版社有限责任公司

　　　　　地址：成都市一环路南一段 24 号（610065）

　　　　　电话：（028）85408311（发行部）、85400276（总编室）

　　　　　电子邮箱：scupress@vip.163.com

　　　　　网址：https://press.scu.edu.cn

印前制作：四川胜翔数码印务设计有限公司

印刷装订：四川省平轩印务有限公司

成品尺寸：170 mm×240 mm

印　　张：6

字　　数：63 千字

版　　次：2023 年 10 月 第 1 版

印　　次：2025 年 4 月 第 2 次印刷

定　　价：60.00 元

本社图书如有印装质量问题，请联系发行部调换

扫码获取数字资源

四川大学出版社
微信公众号

目 录

第一章
综合实践活动概述

一、总体描述

三星堆遗址是迄今为止在我国西南地区发现的面积最大、延续时间最长、文化内涵最丰富的古城、古国、古蜀文化遗址。三星堆的发现、发掘及文物的出土，让一直以来真伪莫辨的古蜀历史成为信史，是中华文明多元一体起源和发展的实物例证。

对于生活在四川盆地的学生来说，三星堆能引导学生了解这片土地曾经的历史，感知这片土地上孜孜不倦的耕耘者的智慧与勤劳，感受古蜀文明的璀璨，激发对家乡悠久历史文化的热爱之情，传承中华优秀传统文化，培养民族自豪感。它是专有、厚重、鲜活且生动的文化素材。

本书将采用项目化研究的方式，以三星堆遗址为研究主题，以"怎样向别人介绍三星堆"为驱动，引导学生在"考察探究"中发现、感知、探寻、理解、汲取历史文化中的智慧和荣光，在"设计制作"中将自己的感知与理解通过创意物化的形式进行"讲述"，在"团队协作"中学会协同合作，从而提升学生的综合能力。

"探秘三星堆　梦回古蜀国"综合实施活动阶段

阶段一	阶段二	阶段三	阶段四	阶段五
提出问题 确立主题	构建小组 明确分工	考察探究 真实体验	设计制作 完成作品	扩大推广 传承文化
1. 提出问题 2. 观察生活 3. 确立主题	1. 构建小组 2. 明确分工	1. 主题探究 2. 实地考察	1. 聚焦设计项目 2. 拟订方案 3. 制作产品	1. 走进班级 2. 召开发布会

"探秘三星堆　梦回古蜀国"综合实践活动目标

价值体认

引导学生探寻古蜀文明的足迹，感受古蜀文明的璀璨，从而激发学生对家乡悠久历史文化的热爱之情，培养学生的民族自豪感。

责任担当

以三星堆遗址为主题，以创意物化的项目成果为载体，推广中华民族文化内涵，培养学生传承中华优秀传统文化的责任与担当。

问题解决

通过探寻三星堆文化，培养文化探寻的相关能力；通过引导和创意物化设计制作的过程，培养学生发现问题、解决问题的能力，以及学生独立研究探索和团队协同、设计、制作的能力。

创意物化

用多元表达，设计创意物化的成果，讲述三星堆的故事。

本次综合实践活动涉及的跨学科素养见下表。

"探秘三星堆　梦回古蜀国"综合实践活动涉及跨学科素养

涉及学科	学科要素
语文	语言的建构和运用、审美的鉴赏和创造、文化的理解和传承
数学	逻辑推理、数学建模、直观想象、数学运算、数据分析
科学	科学观念、科学思维、探究实践、态度责任
道德与法治	政治认同、责任意识
艺术	审美感知、艺术表现、创意实践、文化理解
信息技术	信息意识、数字化学习与创新

二、适用年级

三至六年级。

三、所需课时

课内15课时+研学3课时。

第二章

综合实践活动过程

第一部分　主题确立

综合实践活动目标	
价值体认	初步了解三星堆文明作为中华文明一部分的悠久历史，激发学生对三星堆文化的好奇心
责任担当	增强沟通能力，培养初步的服务意识，养成对社会负责的态度
问题解决	初步养成从事探究活动的正确态度，掌握探究问题的初步方法，培养在生活中发现问题、解决问题的能力
创意物化	借助可视化思维工具，引导学生形成自己的项目活动探究主题、内容、方法图
跨学科素养	
语文	能提出学习和生活中的问题，有目的地搜集资料，共同讨论，尝试运用语文知识并结合其他学科知识解决问题
数学	利用图表分析实际情境，探索解决问题的思路，培养直观几何的能力
科学	能通过分析与综合、比较与分类、归纳与演绎、联想与想象等科学思维发现问题、提出问题
道德与法治	了解中华优秀传统文化，培养民族自豪感
信息科技	通过寻找有效的数字平台与资源，培养信息意识；能有效管理学习过程与学习资源，开展拓展性学习，创造性地解决问题
艺术	探秘三星堆文物，开发文创产品，提高学生的艺术实践能力和创造能力
劳动	能根据目标确定任务，制订计划，并根据任务进展情况进行适时优化调整，初步形成有效提高劳动效率的意识

亲爱的同学们：

　　三星堆可谓是中外闻名，作为四川人，这可是我们的骄傲。

　　作为主人的你，怎样向到四川旅游的朋友介绍这个距今4800—2600年，延续时间长达2000多年的古文明呢？

　　你怎样向到四川旅游的朋友介绍三星堆古蜀文明？

是不是无从下手？我们不妨把这个问题分解为：

介绍什么？——内容

怎样介绍？——形式

我们先从"内容"方面来看

学习小妙招

　　我们要探秘三星堆，面对如此神秘、宏大的一段历史文化，应从什么地方入手呢？告诉你哦，我们可以用基础逻辑结构研究法：

　　用"是什么—怎么样—为什么"来提出问题。

试着用"是什么—怎么样—为什么"来提出问题，让我们来一场关于介绍三星堆内容的头脑风暴，看看我们介绍的内容可以包括哪些吧！试着比比谁列举得多！

我们再从"形式"方面来看

有了大致的介绍内容方向，那可以采用什么形式来介绍呢？试着打开思路说一说。

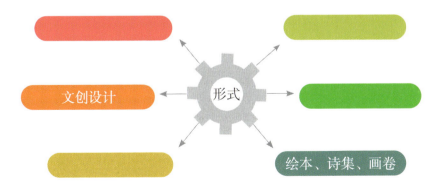

学习小妙招

在内容探究环节，除了专题的学习以外，我们还可以通过各种途径自主探究，比如_____、_____、_____。

请从以下书目中挑选出三本你最想阅读的图书。

阅读推荐	作者及出版社
《三星堆青铜器》	刘可　四川少年儿童出版社
《了不起的三星堆》	阳光三采　青岛出版社
《给孩子讲讲三星堆》	刘兴诗　青岛出版社
《回到尘封的古蜀国：三星堆解密》	吴维羲　九州出版社
《一醒惊天下：三星堆古蜀文明》	周新华　浙江摄影出版社
《古蜀之国：三星堆国宝背后的蜀地文明》	刘采采　四川科技出版社
《寻蜀记：从考古看四川》	萧易　广西师范大学出版社
《孩子读得懂的山海经　异人国》	许萍萍、宋双 北京理工大学出版社

除了阅读书籍，你还可以通过收看纪录片的方式来自主探寻，推荐《又见三星堆》《三星堆·数字秘境》《三星堆新发现》等纪录片。

我阅读了《　　　》《　　　》等书目，其中我最喜欢的书是《　　　》，因为_____
_____

（可从这本书帮助你"解决的问题""引发的思考""提出的观点"或是书籍本身告诉你的"内容""细节"等方面进行描述。）

我还想向大家推荐关于三星堆的自主学习的资源：_____

_____

第二部分　组建你的小组

组建你的探究小队

活动目标	
价值体认	引导学生理解"团队"的意义，并通过对共同任务、共同目标的树立提高学生合作意识，增强团队协作能力和集体归属感
责任担当	理解个人与团队的关系，初步感知个人对团队的意义与责任
问题解决	通过SWOT分析法，建构优势互补的团队，并对自己团队的能力进行客观分析，以备在下面的项目活动中采取多种灵活的方式应对并解决问题
创意物化	形成"探秘三星堆　梦回古蜀国"综合实践活动团队项目计划
跨学科素养	
语文	学会倾听；善于请教，敢于发表意见，说清观点和感受，表达有条理
数学	养成讲道理、有条理的思维习惯，培养学生推理意识
科学	科学思维能力：分析与综合，比较与分类，归纳与演绎，联想与想象 探究实践能力：根据自身特点制订学习计划，监控学习过程，能提出问题、做出假设、制订计划、搜集证据、处理信息、得出结论、表达交流、反思评价 科学态度：能大胆提出自己的见解，善于与人合作和分享
道德与法治	培养理性平和的心态，建立良好的同伴关系，树立正确的合作与竞争观念，培养团队意识和互助精神

信息科技	具有寻找有效数字平台与资源解决问题的意愿，培养信息意识，能有效管理学习过程与学习资源，开展拓展性学习，创造性地解决问题
艺术	对创作的过程和方法进行探究学习，提高学生艺术实践能力和创造能力
劳动	懂得在劳动过程中遵规守约，初步学会与他人合作劳动

你认为的很棒的探究小队需要拥有哪些特点？

我认为很棒的探究小队应该拥有的特质：

我们的团队成员：

	团队成员	优势	职责
队长			
队员1			
队员2			
队员3			
队员4			

恭喜你，你的探究团队诞生啦！你想为自己的团队取个什么响亮的名字呢？为什么？取好之后，和团队中的小伙伴来场投票，选出大家公认最喜欢的那一个吧！

我想为我们的团队取个响亮的名字：_____，这个名字寓意着：_____。

学习小妙招

在队伍组建后，根据小组成员们的特质，可以用SWOT分析法进行小组优势、劣势、机会、威胁的分析评估。

设计活动项目计划

拥有了队伍，怎样推进探究的开展呢？怎样推动活动项目的进度，以实现优秀成果呈现呢？试着和你的小队成员讨论、设计你们的项目策划书吧！

项目策划书

阶段	内容	负责人	所需资源
文化探究	三星堆文化整体研究		
	三星堆文化主题深度研究		
	实地考察研究		
设计制作	确定设计制作的主题		
	制订设计方案		
	设计与制作		
	成果品质监控评估		
	成果升级		
成果发布	成果发布文案		
	成果发布演示文稿		
	发布现场舞台策划		

　　根据策划书内容，规划你们小组实践活动各阶段预计的时间，在下图把相应的颜色阶段和预计的时间着上相同颜色。（本次活动共计周期为15周）

文化探究　　　　　　　　　　成果发布

1	2	3	4	5	6	7	8	9	10	11	12	13	14	15

设计制作

第三部分　考察探究

第一课　时空定位　梦回古蜀

适合年段：三至六年级　　　建议课时：3课时

活动目标	
价值体认	通过了解三星堆的时空定位，激发学生对古蜀文明的好奇心
责任担当	了解古蜀文明，明白古蜀文明是中华文明的一部分。积极参与小组讨论，表达自己的观点
问题解决	学习使用基础逻辑结构方法，带着问题探究三星堆"是什么"
创意物化	完成本课任务手册，填写"我的发现卡"
跨学科素养	
语文	能阅读文本或非连续文本，理解并提取相关信息；根据文本信息进行联想，做简单推断；可以从不同角度进行思考，提出自己的问题；阅读时能提出不懂的问题，并试着解决
数学	培养学生的空间观念、推理能力、数据分析能力
科学	能通过分析与综合、比较与分类、归纳与演绎、联想与想象等科学思维发现问题；能提出问题、做出假设、处理信息、得出结论；通过表达，大胆提出自己的见解，并与他人分享
道德与法治	了解中国优秀传统文化的一些代表性成果及其意义，为中华民族创造的文明成果感到自豪；能在团队协作中得体地与他人交往，平等友好地与他人相处，学会合作；能清楚表达自己的感受和见解，学会倾听他人的意见

跨学科素养	
信息科技	信息意识：具有寻找有效数字平台与资源以解决问题的意愿 数字化学习与创新：有效管理学习过程与学习资源，开展拓展性学习，创造性地解决问题 信息社会责任：具有自我保护的意识和能力，遵守互联网的法律法规，规范使用互联网
艺术	审美感知：初步形成发现、感知、欣赏美的意识

活动工具：

（1）学生研究任务单。

（2）中华人民共和国地图、四川省地形地貌图、中国历史时间轴。

学习小妙招

　　同学们，还记得上次课我们探讨过的问题吗？要探秘三星堆，面对如此神秘、宏大的一段历史文化，我们可以用"是什么—怎么样—为什么"这样的基础逻辑结构来提出问题。

　　根据上次课程的头脑风暴，你是否对"是什么"这个问题也有如下追问：

　　三星堆是什么地方的遗址？

　　三星堆是什么时期的遗址？

　　三星堆是什么人修建的？

　　三星堆具有什么作用？

我们就带着这些问题进行探究吧！

（空间定位）问题1：三星堆是什么地方的遗址？

同学们，通过地图，来找找三星堆在哪里吧！

认真观察四川省地形地貌图，试着在图中找到广汉三星堆的位置。

学习小妙招

将研究对象的地理位置与所在省会城市和周围的地级市的位置作对比，可以帮助我们更加直接形象地掌握其地理位置。

比如：在四川省区域内找到省会城市"成都市"，在成都市东北方向找到"广汉市"。三星堆就在广汉市境内。你找到了吗？

结合四川省地形地貌图中不同颜色表示的地形特点，和小组成员们交流一下你的发现吧。

把范围再放大，你能在中华人民共和国地图上找到三星堆大概的位置吗？试着和你的小组成员们一起找找。结合三星堆在地图上的位置和你查询资料后已知的地形地貌等信息，再交流一下你的发现吧。

如果换成世界地图，你会发现广汉三星堆在北纬__

____度。查找资料，你会发现，这条纬度线还穿越了__

_____、_____、_____、_____这些古文明遗

迹。这又是为什么呢？结合你课外查到的关于这一纬度

的特点（如温度、农作物等资料），与小组成员们交流

一下你的想法和推测。

知识小链接

北纬30度，主要是指北纬30度上下5度所覆盖

的范围。北纬30度贯穿四大文明古国，是一条神秘

而奇特的纬度线。在这一纬度藏了不少未解之谜。

任务小结：

结合以上4个任务，试着用通顺、完整的语言，在活

动小组内口头总结一项你的发现，并为自己和组内成员

的总结进行评价，在符合条件的表格中打"√"。

	成员姓名	发言积极	补充积极	表达清晰	表达完整
小组合作主持人					
发言人1					
发言人2					
发言人3					

（时间定位）问题2：三星堆是什么时期的遗址？

图一　三星堆遗址时期时间图

通过图一发现，三星堆遗址文化距今约＿＿—＿＿
年，从三星堆遗址一期文化到三星堆遗址四期文化，跨
越了大约＿＿的历史。

史前时期	
旧石器时代	距今300万年前—1万年前
新石器时代	距今1万年前—4000万年前

图二　史前时期年代划分

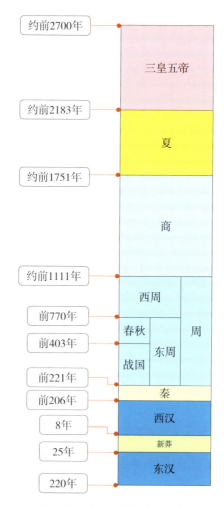

图三　中国历史时间纵轴（部分）

你能试着在图二和图三中画出三星堆遗址文化所处的时间吗？

试着根据以上时间信息，猜想三星堆文化是什么样的。尝试把你想到的内容以关键词的形式写在下面，再和组内的成员交流一下。

对于三星堆，相信你还有"是什么"的其他疑问，试着在生活中用多种方式查找资料来解答自己和小组成员们的疑惑吧！

三星堆小资料

三星堆，一般指三星堆古遗址，位于四川省广汉市西北的鸭子河南岸，分布面积约12平方千米，距今约4800至2600年，是迄今为止在西南地区发现的范围最大、延续时间最长、文化内涵最丰富的古城、古国、古蜀文化遗址。三星堆遗址是古蜀文明的代表，被誉为"长江文明之源"。

考古学家将三星堆遗址的文化遗存分为四期，其中一期为早期堆积，属于新石器时代晚期文化，二至四期则属于青铜文化。遗址群年代上起新石器时代晚期，下至商末周初。三星堆遗址的发现，有助于人们更全面地研究古蜀文明，认识古蜀文明对中华文明的独特贡献。

至今为止，三星堆遗址共发现八个祭祀坑，出土了青铜面具、青铜人像、青铜神树、金面罩、象牙等数万件珍贵文物。这些发现，揭示了一个独具特色的青铜文明，震惊世界。

虽然各个古老文明都有青铜时代，但是三星堆的青铜文明独树一帜。三星堆的古蜀文明既吸收了中原王朝的制作技术和手工体系，同时又很有自己的特色。在中华文明的起源和发展进程中，古蜀文明与中国其他地区文明相互交流融合，最终形成了多元一体的中华文明。

交流情况自评	符合打"√"
自己的表达语句流畅、句式完整	
表达中有自己的猜想和观点	
自己的表达主题明确	
自己的表达逻辑有序，有一定的结构	
能保持与听众的眼神交流，音量合适	
认真倾听别人的发言	
不打断别人的发言	
在别人发言后，给予适当的反馈（肯定或补充）	

学习小结：

我知道了 _____

_____

我学到了 _____

_____

我还想知道 _____

_____

第二课　穿越千年见蜀王

适合年段：三至六年级　　　　建议课时：3课时

活动目标	
价值体认	了解古蜀国的由来以及蜀王的故事；了解汉字文化，感受汉字的乐趣，感受中国文化的悠久和丰厚，培养民族自豪感
责任担当	能积极、主动参与小组合作，提高学生的小组讨论的能力，提升小组合作能力
问题解决	学习用说文解字、查阅史料的方法解读历史
创意物化	通过查阅资料、交流讨论等形式，小组合作完成蜀王名片卡
跨学科素养	
语文	能提取文本中信息，根据文本谈谈自己感受和看法；阅读时，会运用多种方法理解难懂的词语，梳理关键信息，把握内容要点。能通过古人造字方法和汉字表意的特点感受汉字的乐趣，了解汉字文化
科学	能通过分析与综合、比较与分类、归纳与演绎、联想与想象等科学方法发现问题、提出问题。在表达中，能大胆提出自己的见解，善于与他人合作和分享
道德与法治	能在团队协作中得体地与人交往，合作互助，平等友好地与他人相处；能清楚表达自己的感受和见解，倾听他人的意见
信息科技	能根据需要有效搜索所需的学习资源，开展合作学习
艺术	审美感知：发现自然世界、社会生活和艺术作品中美的特征、意义与作用 创意实践：紧密联系生活，进行艺术创新和实际应用 文化理解：将美术与自然、社会相融合，探究问题，提高综合探究与学习迁移的能力

活动工具：

（1）学生研究任务单。

（2）学生学习资料。

　　在上一部分的实践活动中，我们对三星堆"是什么"进行了研究，知道三星堆是距今4800年到2600年前古蜀国的文化遗迹。

　　从这个部分开始，我们将对三星堆是"怎么样"的进行探讨，相信你可以提出很多相关问题，试着和同伴交流一下！

任务一：　"蜀"从何起？

从偏旁看——

　　我们的研究从哪里开始呢？就从三星堆这个古蜀国文化"怎么样"说起吧！

任务二：　"古蜀国"为什么称为"蜀"？这个时期的"一国之王"又是谁？我们来进行一番探究吧！

从字形看——

"蜀"字是_____结构，上为_____，通过查字典，发现"蜀"字的部首是_____，说明和_____有关。通过以上分析，我猜测这个字和_____有关。

从字理看——

结合《汉语文字释义》和《说文解字》，以及从古至今"蜀"字的不同写法，你有什么发现？

汉语文字释义：

蜀（拼音：shǔ）为一级通用规范汉字（常用字）。此字初见于商代甲骨文，其古字形像有大眼睛的虫子，本义指蛾蝶类的幼虫，这个意思后来写作"蠋（zhú）"。蜀又是古部族名，后作古国名。

《说文解字》载："蜀，葵中，蚕也。从虫，上目象蜀头形，中象其身蜎蜎。"《诗》曰："蜎蜎者蜀。"

甲骨文"蜀"字大集合

"蜀"字形演变：

发现与总结：

通过以上资料和你查找的信息，你发现和"蜀"有关的哪些信息？把它们串联起来，你有什么新的发现或推想吗？把你的想法和同伴交流一下。

交流时，符合的请打"√"。

交流时你是否	符合请打"√"
能保持与听众的眼神交流，音量合适	
能有所发现或推想	
能流畅地表达自己的观点	
能倾听别人表达，不打断他人说话	
能正面沟通，适时适当地表达自己相同或不同的看法	

任务三：　"蜀王"驾到，蜀王是谁？

资料一：

周失纲纪，蜀先称王。有蜀侯蚕丛，其目纵，始称王。死，作石棺石椁，国人从之，故俗以石棺樗为纵目人冢也。次王曰柏灌。次王曰鱼凫。鱼凫王田于湔山，忽得仙道，蜀人思之，为立祠。后有王曰杜宇，教民务农……七国称王，杜宇称帝，号曰望帝……会有水灾，其相开明决玉垒山以除水害。帝遂委以政事，法尧、舜禅授之义，遂禅位于开明，帝升西山隐焉。

——《华阳国志·蜀志》

试着阅读上面这段文字，并用多种方式理解文意。

（1）圈出文中列举的蜀王，再按照顺序写下来：

_____　_____　_____

（2）试着用横线在文中勾出蜀王的相关功绩。

资料二：

蜀王第一人

蚕丛（cán cóng），又称蚕丛氏，是古蜀国第一代蜀王，也是古代神话传说中的蚕神。据说他的眼睛跟螃蟹一样是向前突起，头发在脑后梳成椎髻，衣服样式的左边是斜着分了叉的。蚕丛和他的部族最早居住在岷山石室（今四川茂县北叠溪）一带，后来为了养蚕事业，率领部族从岷山到成都居住。相传蚕丛最大的功绩是将"野蚕"驯养成了"家蚕"，并且教老百姓种桑、养蚕。

资料三：

神秘的柏灌

柏灌（bǎi guàn），古蜀国第二代王。西汉大文学家扬雄和东晋史学家常璩，在他们所著的作为后人考证古蜀国历史重要依据的两大著作——《蜀王本纪》和《华阳国志》中，都只用了类似"次王曰柏灌"一句带过。而唐代大诗人李白的《蜀道难》中，更是以"蚕丛及鱼凫，开国何茫然"直接划过两千年，将这位古蜀王隐于历史之中。

从《蜀王本纪》《华阳国志》《艺文类聚》中的微弱信息推断，柏灌作为蜀王蚕丛后代，是华夏族记载中统治蜀国的第二代王。传说，在商王廪辛继位初，羌方在今陕、甘一带重又崛起，屡犯商王朝，使商戍军遭到很大损失，促使廪辛决定出兵平定。商王廪辛针对羌方武装力量强悍等特点，战前进行全面的谋划和布置，一面命戍军暂避敌锋，待机而动，一面组织精锐部队适时增援抗击羌方进犯，从而打散了蚕丛氏部落，蚕丛氏首领被射杀。由于不堪长期征战，一部分羌人随着一位青年重新进入今四川盆地，以躲避战争。他们来到一处有河流流经的柏树林（今四川彭州）落脚，那里有丰富的铜矿、玉石和陶土可供生活需用。一些人发现林间有白鹤栖息，希望像白鹤那样飞离战争，于是在青年的倡议下改称部族为"柏灌氏"，那位带领大家安家的青年人被推举为新的部落首领。领地范围涵盖今彭州、什邡、郫都一带。正如某些考古学家所言，三星堆出土的青铜器、玉石器上有鹤的模样，若三星堆早期跟蜀王蚕丛有关，那么遗址很可能也跟柏灌部落有关。

柏灌上继蚕丛，下启鱼凫，因为史料记载的缺乏，成为古蜀历史上最神秘的君主。

资料四：

鱼凫

鱼凫氏是继蚕丛、柏灌之后的第三个氏族，建都今成都温江区万春、柳城一带。因鱼凫王建都，下令广植柳树作为国界，鱼凫古都杨柳依依，史称"柳城"（今成都温江城北鱼凫城遗址）。从文物考古发现来看，人们注意到广汉三星堆自第二期文化开始，就出现了与鸟有关的器物，这也许与柏灌氏取代蚕丛氏有关。而第三期所出土的大批器物上不仅有鸟图案，而且同时还有鱼图纹饰。这一变化可能印证了三星堆第三期文化与鸟族和鱼族密切相关，或者说，它反映出鱼凫氏取代柏灌氏的历史事实。有关鱼凫的传说故事很多，流传很广的有"鱼凫王大战饮马河""鱼凫架桥""鱼神节的由来"等。

发现与总结：

通过以上资料以及你课外查找的信息，说说你发现的与"蜀王"有关的信息，并与同伴交流一下。交流过程中，符合的请打"√"。

交流时你是否	符合请打"√"
能有所发现或推想	
能流畅地表达自己的观点	
能倾听别人表达，不打断他人说话	
能正面沟通，适时适当地表达自己相同或不同的看法	

学习小结：

我知道了 _____

_____

我学到了 _____

_____

我还想知道 _____

_____

第三课 走近蜀民——衣、食、住

适合年段：三至六年级   建议课时：3课时

活动目标	
价值体认	通过猜想与推测古蜀国人的衣食住，了解古蜀文明，进一步感受古蜀文明的辉煌、多彩
责任担当	积极参与"干栏式建筑"的复原活动，在小组中主动完成任务
问题解决	学习用猜想、推测的方式了解古蜀文物
创意物化	自主完成带有古蜀文化图腾的纹样服饰设计；小组合作选择适合的材料，尝试还原制作"干栏式建筑"模型
跨学科素养	
语文	能够边读文本边推测；能从不同角度思考，提出自己的问题；能在阅读时提出不懂的问题，并试着解决
数学	空间观念、几何直观、数据意识、创新意识
科学	能通过分析与综合、比较与分类、归纳与演绎、联想与想象等科学方法发现问题；能提出问题、作出假设、处理信息、得出结论。有技术与工程意识，能利用身边可制作加工的材料和简单工具动手完成简单的任务
道德与法治	知道我国的地理位置和行政区域划分。能清楚表达自己的感受和见解，乐于倾听他人的意见
信息技术	能根据需要有效搜索所需的学习资源
艺术	审美感知：从外观和使用功能方面了解物品的特点 创意实践：运用传统或现代工具、材料和技能，制作工艺品 文化理解：运用造型元素、形式原理和欣赏方法，欣赏、评述作品，感受作品的魅力
劳动	懂得在劳动过程中遵规守约，初步学会与他人合作劳动

活动工具：

（1）学生研究任务单、学生学习资料。

（2）四川地形地貌图。

（3）搭建干栏式建筑模型相关材料：小棒、泥土（胶泥）等。

活动拓展：参观四川省博物院远古四川展厅。

俗话说：一方水土养育一方人。因为地理环境的特点，每个地区的人拥有独特的生活特点。那我们就从环境入手，来研究三星堆时期的蜀民是"怎么样"生活的吧。

任务一：一方水土一方人——猜想与推测

我们先来回顾下三星堆所处的地理环境。

请认真观察四川地形地貌图，联系生活经验，总结四川盆地的环境特点：

根据以上总结的特点，你能推测、猜想3000多年前在这片水土上生活的人们的衣食住有什么特点吗？用关键词的方式进行梳理，再和同伴交流碰撞。

衣：_____

食：_____

住：_____

任务二：一方水土一方人——三星堆时期的人们是"怎么样"生活的？

3000多年前蜀民的生活究竟是怎样的呢？让我们一起来探究探究吧。

◎子活动1：住

对于"住"，我们也可以用"是什么—怎么样—为什么"提出哪些问题呢？试着做个探究者进行发问吧！

_____

_____

在你觉得好的问题前标注☆，给自己一个赞吧！

资料1：

四川盆地多种多样的地貌特征，决定了生活在这里的生物的多样性。据考证，在新石器时期，生活在四川地区的动物有大象、大熊猫、野牛、犀牛、老虎、鹿、羚羊、野猪、兔、豹……当时人们的主要防身及猎捕武器主要是由旧石器时期粗糙的石刀、手斧、砍砸器等逐步发展而成的更加精细化的石斧、石箭……

砍砸器　　　　　　　石箭头　　　　　　　　石斧

旧石器时代　　　　　　　　　　新石器时代

根据资料1进行推测：古蜀民最早是居住在（　　　）。和组内的同伴讨论并说说你的理由。

A. 山中天然洞穴　　　　　　　B. 树林中

C. 江河边　　　　　　　　　　D. 广阔的平原地区

学习小妙招

　　怎么印证自己的观点是否正确呢？除了通过当时人们所拥有的工具和他们的居住环境、面对的生存问题进行分析外，我们还可以结合以下资料或课外收集到的信息来印证自己的推测和猜想。把你在下面"资料2"中发现的依据勾画、标注出来吧！

资料2：

　　《蜀王本纪》记载："蚕丛始居岷山石室中。"也就是说，最早蜀王蚕丛和他的部族居住在岷山石室（今四川茂县北叠溪）。推测蚕丛一族迁徙的轨迹，大体上是从岷江上游的山地高原的深处，沿着岷江的河谷，顺着今天的茂县、汶川到了都江堰这一带，也就是从西北到东南向着成都平原慢慢靠近。茂县在西汉的时候还有一个名称叫作蚕陵县，说明这里曾经是蚕丛留下足迹的地方。只是蚕丛一族最后迁徙到哪去了，这个问题就很难弄清楚了。但是不管怎么说，古蜀先民已经从大山里走出来，平坦丰茂的成都平原充满希望地铺展在了古蜀先民的眼前，继而，他们在成都平原上创造了更为辉煌的古蜀文明。

发现与总结：

在以上任务中，你的"推理和猜想"能力如何？符合的请打"√"。

交流时你是否	符合请打"√"
能通过"资料1"进行一定的逻辑推理	
能合情合理地表达自己的猜想	
能流畅地表达自己观点	
能倾听别人表达，不打断他人说话	
能正面沟通，适时适当地表达自己相同或不同的看法	

在三星堆遗址中，不仅发现了距今约3000年的古城墙，还发现了大型建筑遗址群，其中干栏式建筑遗址的发现向世人揭示了当时的人们是怎么居住的。仔细观察干栏式的建

干栏式建筑示意图

筑示意图，阅读下面的"知识小链接"，和组内同伴讨论这种建筑有什么好处？

知识小链接

　　干栏式建筑是在木柱底架上建筑的高出地面的房子。它以竖立的木桩为基础，其上架设竹质、木质大小龙骨作为承托地板悬空的基座，基座上再立木柱和架横梁，构筑成框架状的墙围和屋盖，柱、梁之间用树皮茅草、竹条板块或草泥填实。

干栏式建筑的特点	优势

建筑小课堂

　　三千年多前，土木的融合、木质的交错，人们用自己的勤劳和智慧亲手建起了自己家园。随着建筑的密集建构，部族不断扩大居住范围，壮大了自己部落，这为逐渐形成最早的"城市"——"邑"奠定了基础。

试着用合适的模型材料，和组内同伴共同尝试还原、搭建出干栏式建筑模型吧！

小组干栏式建筑复原模型评价表

小组模型评价维度	符合请打"√"
模型材料的选择是否合适	
模型是否完整且稳定	
模型是否体现了干栏式建筑的特点	
所有成员是否都积极参与	
分工是否明确	
模型是否合理利用了不同图形的形状、大小和位置，体现了几何立体和平面图形的基本特征	
模型是否比例适当	

◎子活动2：食

解决了三星堆时期人们是"怎么样"住的问题，我们一起来看看生活在这片土地上的古蜀人是如何"食"的。试着和同伴根据之前了解到的当时生活环境和已经拥有的工具等因素进行推想，完成这个思维导图吧！

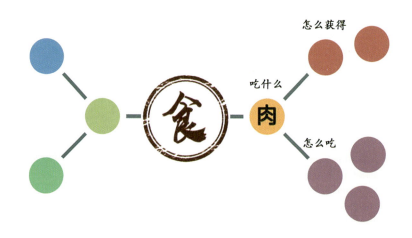

推测是否准确？我们可以用三星堆博物馆的文物来验证。结合三星堆文物照片及相关资料，尝试进行分析，把你的所思所想分享给你的同伴。

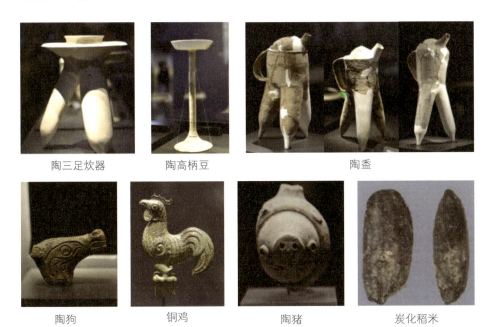

陶三足炊器　　　陶高柄豆　　　　　　陶盉

陶狗　　　　　铜鸡　　　　　陶猪　　　　　炭化稻米

试着选择其中一种文物，观察其外形特点，联系自己的生活经验，并采用"还原场景"的方式进行推想：三星堆时期它的作用及使用方法，或它的发现说明了什么？试着和同伴们交流一下。

评价自己的推想表达，符合的请打"√"。

外形特点 表达明确	表达中 推测有依据	能用"还原场景"的方式 进行推想

评价自己小组交流情况

专注倾听	不打断他人表达	他人发言结束后再提出自己的看法

精彩的发言交流结束了，相互探讨是否得到了答案？查资料进行印证，看看自己的推想是否正确。

◎子活动3：衣

这一部分的活动，我们直接从文物入手，大家在文物中寻找蛛丝马迹的线索进行"发现—对比—归纳—总结"。

服装篇

从青铜大立人、二号坑青铜跪坐人像、一号坑青铜跪坐人像三件文物的图片和介绍中，你发现了三星堆时期服装的哪些特点？记录下来，再和你的同伴进行交流。

交流时你是否	符合请打"√"
能有所发现，并说清理由	
能完整、流畅地表达自己的发现，听众能听懂	
表达有逻辑、内容有趣，听众感兴趣	
能与听众进行眼神交流，音量合适	
能倾听别人表达，不打断他人说话	
能正面沟通，适时适当地表达自己的看法	

学习小妙招

在研究时，不仅可以用观察、文字信息提取的方式对单件文物的特点进行发现、归纳，还可以将同时期或同类别的文物进行横向对比，以发现、归纳其特点。

青铜大立人

青铜大立人人像172厘米，通高262厘米，重约180千克。

衣服分为三层，最里面是一件像燕尾服的长袍，中间是一件稍短的V领，最外面是袒露左肩的长衫。这些衣服的材质是否为丝绸，尽管在学术上还没有定论，但专家确有在祭祀坑中发现丝绸朽化物，并在土样中多次发现蚕丝蛋白。

服装上繁复精美的纹饰上有阴刻龙纹、回字形纹、异兽纹、凤鸟纹和兽面纹等，这让我们看到了3000多年前人们在服饰上的审美倾向。

二号坑青铜跪坐人像

　　二号坑出土的青铜跪坐人像，所着为对襟长袖服，窄袖长至腕部，无衣领，两襟相交露出颈部在前面成V字形，腰间系带两周，正跪姿势的一尊可清楚看出衣襟长至大腿中部。另一青铜兽冠人像，双手呈握物状，所穿也为对襟衣服，窄袖长过双肘，腰间系带两周，衣服上有明显凸出的纹饰，上身前后为云雷纹，两肘部为变形的夔龙纹。

一号坑青铜跪坐人像

　　一号坑出土的青铜跪坐人像，上身穿交领右衽窄长袖短衣，腰间系带两周以束衣，衣服素面无纹饰。据学者研究，其所着裤式与后世所称犊鼻裤应为一类，而后者在汉代为仆役之类做粗活时的穿着，为推测这尊跪坐人像的身份提供了重要依据。

装饰纹样篇

云纹

雷纹

回纹

鳞纹

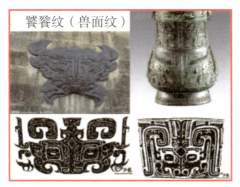

饕餮纹（兽面纹）

中国传统纹样图例

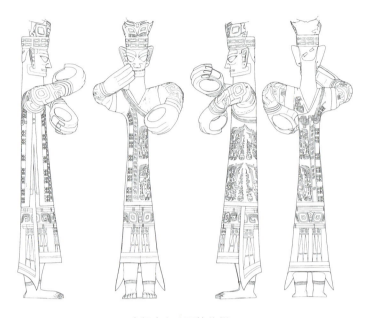

青铜大立人像

青铜大立人服饰纹样

扭头跪坐人像

扭头跪坐人像局部细节图

　　先尝试使用三星堆文物找出中国传统纹样，在图中圈出来。再将这些纹样元素进行融合，设计出具有三星堆纹样元素的长衫。

三星堆纹样元素长衫设计评价表

设计评价维度	符合请打"√"
设计选用的纹样形状是否适宜	
设计中纹样的比例是否适宜	
纹样的组合是否具有层次感	
整体设计是否协调具有美感	

发型篇

发型

发饰

通过以上文物图片，对于三星堆时期的发型和发饰，你有什么发现？和你的同伴交流一下。

交流时你是否	符合请打"√"
能有所发现，并说清理由	
能完整、流畅地表达自己的发现，听众能听懂	
表达有逻辑、内容有趣，听众感兴趣	
能与听众的眼神进行交流，音量合适	
能倾听别人表达，不打断他人说话	
能正面沟通，适时适当地表达自己的看法	

学习小结：

我知道了_____

我学到了_____

我还想知道_____

第四课　与传奇相遇——当三星堆遇到《山海经》

适合年段：三至六年级　　　建议课时：3课时

活动目标	
价值体认	了解《山海经》的部分故事，感受三星堆文明就是中华文明的一部分，激发学生的自豪感
责任担当	介绍三星堆的文物，让更多的人了解文物及其背后的历史、价值
问题解决	学习查找与整理资料，借助史料寻找三星堆文物与《山海经》之间的关联
创意物化	撰写介绍词，向他人介绍《山海经》的故事和三星堆文物
跨学科素养	
语文	能根据需要收集资料，学习收集、整理资料的方法。能向他人介绍展品，能自主、生动、有条理地进行表达。在与他人交谈时，自然大方，有礼貌，能将了解到的信息讲清楚，清楚表达自己的看法
科学	能通过分析与综合、比较与分类、归纳与演绎、联想与想象等科学方法发现问题；能提出问题、作出假设、处理信息、得出结论。在表达中，能大胆提出自己的见解，善于与人合作和分享
道德与法治	能清楚表达自己的感受和见解，倾听他人意见，体会他人的心情和需要
信息技术	能根据需要有效搜索所需学习资源。
艺术	能运用造型元素、形式原理欣赏、评述不同地区的艺术作品

活动工具：

（1）学习资料。

（2）学习任务单。

　　《山海经》是中国先秦重要古籍，也是一部荒诞不经的奇书。无论是其中的"人""兽"，还是"景"，都充满着魔幻色彩。这些曾经在我们眼中离奇甚至荒谬的形象，随着三星堆遗址的不断发掘，似乎有所呼应，让我们接连惊呼。这是为什么？

　　这一次探究活动，让我们一起来发现，当三星堆遇上《山海经》，究竟能碰撞出怎样的火花呢？

　　资料一：扶桑

　　《山海经·大荒东经》："汤谷上有扶木，一日方至，一日方出，皆载于乌。"

　　大意：汤谷上长着扶木，一个太阳刚接近扶木，另一个太阳就离开扶木上升，它们都负载在乌鸦身上。

　　《山海经·海外东经》："下有汤谷，汤谷上有扶桑，十日所浴，在黑齿北。居水中，有大木，九日居下枝，一日居上枝。"

　　大意：黑齿国的下面是汤谷。汤谷中生长着一棵扶桑树，那里是十个太阳洗澡的地方，位于黑齿国的北面。在水的中间有一棵大树，九个太阳居住在下面的树枝上，剩下的一个太阳住在上面的树枝上。

资料二：建木

《山海经·海内经》："有木，青叶紫茎，玄华黄实，名曰建木。百仞无枝，上有九櫢，下有九枸，其实如麻，其叶如芒，大暤爰过，黄帝所为。"

大意：有一种树，叶子呈青色，茎干呈紫色，开黑色的花朵，结黄色的果实，名叫建木。它高达百仞，不长树枝，在顶端有九根弯曲的树枝，在下面有九条盘错的树根，它结的果实像麻的果实，叶子则与芒叶相似。当年太昊就是凭借建木登上了天，这种树是由黄帝亲自种植的。

资料三：烛龙

《山海经·大荒北经》："西北海之外，赤水之北，有章尾山。有神，人面蛇身而赤，直目正乘。其瞑乃晦，其视乃明。不食不寝不息风雨是谒。是烛九阴，是谓烛龙。"

大意：西北海外的大荒中，在赤水的北岸，有一座章尾山。山上有尊神，人面蛇身，红彤彤的，眼睛是直长的。他闭上眼，天下便是黑夜；他睁开眼，天下便是一片光明。他不吃东西、不睡觉、不呼吸，但能呼风唤雨。它能照亮幽渺之地，被叫作烛龙。

《山海经·海外北经》："钟山之神，名曰烛阴，视为昼，瞑为夜，吹为冬，呼为夏，不饮，不食，不息，息为风。身长千里。在无脊之东。其为物，人面，蛇身，赤色，居钟山下。"

大意：钟山的山神，名叫烛阴，他睁开眼睛，便是白天，闭上眼睛便是黑夜；他吹一口气便是寒冬，呼一口气便是炎夏。他平时不喝水，不吃东西，不呼吸，而只要他一呼吸，就会刮风。他的身体长一千里。这位神仙居住在无国的东面。他的形状为人面蛇身，全身呈赤红色，住在钟山的脚下。

资料四：禺强

《山海经·海外北经》："北方禺强，人面鸟身，珥两青蛇，践两青蛇。"

大意：北方的神明禺强，长着人的脸孔，鸟的身子，用两条青蛇穿在耳朵上作为装饰，脚下也踩着两条青蛇。

《山海经》中，几乎所有的人、鸟、神都具备呼风唤雨、改造自然的能力。这反映了古人对部落上层人士的一种崇拜，同时也印证了一种观念：在原始社会，酋长和巫师往往是一体的。

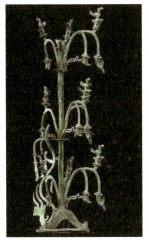

青铜神树

青铜纵目面具

人首鸟身青铜人像

任务一：阅读以上资料，再观察三星堆相关文物图片，你发现三星堆中的文物和《山海经》碰撞出了哪些"火花"？神话传说中的故事和文物的形态上有哪些相似之处？把你的发现和组内的同伴交流交流。

可以用上以下的句式，尝试发表自己的观点：

> 我认为_____（文物）与《山海经》中____
> 相似，我的依据是_____。

任务二：选择其中一项文物，结合课外查找到的资料，向他人介绍。

文物介绍时你是否	符合请打"√"
介绍清晰、流畅、较完整，听众能听懂	
介绍内容有依据、表达有逻辑	
介绍的语言有趣，听众感兴趣	
能保持与听众的眼神交流，音量合适	
能倾听别人介绍，不打断他人	
能适时适当地表达自己相同或不同的看法	

学习小结：

我知道了 _____

_____

我学到了 _____

_____

我还想知道 _____

_____

_____

第五课 与神对话——图腾猜想

适合年段：三至六年级 建议课时：2课时

活动目标	
价值体认	通过对三星堆图腾的认识，感受古蜀人对大自然的敬畏与对力量的向往
责任担当	进一步激发学生参与小组合作，表达自己的想法
问题解决	通过小组合作、资料查阅等方式绘制、解读图腾含义
创意物化	设计并制作"梦回古蜀"的图腾
跨学科素养	
语文	阅读文本时注意梳理信息，把握内容要点；能提出不懂的问题，并试着解决；会收集资料，用恰当的方法把事物介绍清楚；能从不同角度进行思考，提出自己的问题
数学	应用意识和统筹思维
科学	能通过分析与综合、比较与分类、归纳与演绎、联想与想象等科学方法发现问题；能提出问题、作出假设、处理信息、得出结论。在表达中，能大胆提出自己的见解，善于与他人合作和分享
道德与法治	道德修养：与他人进行平等的交流与合作，建立良好的同伴关系 健全人格：能清楚地表达自己的感受和见解，乐于倾听他人的意见
信息技术	能根据需要有效搜索所需的学习资源
艺术	能熟练运用材料、媒介和美术知识创作平面或立体的美术作品

活动工具：

（1）学习资料。

（2）学生任务单。

图腾，就是原始时代的人们把某种动物、植物或非生物等当作自己的亲属、祖先或保护神，相信他们有某种超自然力，会保护自己，并且还可以获得他们的力量和技能。

任务一：图腾崇拜

试着把自己还原为3000年前的古蜀国中的一员，想像当时的自己会对什么产生崇拜？为什么？在小组中进行交流，并尝试设计出小组穿越时空的"图腾"。

图腾名： 图腾设计：	图腾名： 图腾设计：

任务二：图腾猜想

三星堆里的图腾，映射着古蜀人对自然的敬畏，以及对力量的向往。在任务一中，我们根据环境、所处时代、所拥有工具、面临的危险等生存条件，正向推理了古蜀人崇拜相应图腾的原因。

现在，我们试着用逆向思维的方式，解读三星堆中这些图腾对于古蜀先民的意义。请梳理自己的语言，尝试向他人进行介绍。

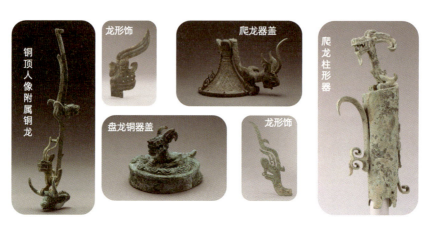

三星堆出土的具有龙形图案的文物

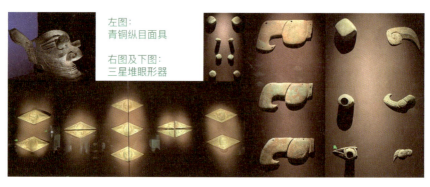

三星堆出土的与眼睛有关的文物

青铜神树鸟局部

三星堆青铜鸟

青铜太阳轮

图腾介绍时你是否	符合请打"√"
介绍清晰、流畅、较完整，听众能听懂	
介绍内容有依据、表达有逻辑	
介绍的语言有趣，听众感兴趣	
能保持与听众的眼神交流，音量合适	
能倾听别人介绍，不打断他人	
能适时适当地表达自己相同或不同的看法	

学习小结：

我知道了 _____

_____

我学到了 _____

_____

我还想知道 _____

_____

第六课　带着疑问走进三星堆

适合年段：三至六年级
建议课时：1课时行前探究+3课时实境研学

活动目标	
价值体认	回顾三星堆"是什么""怎么样""为什么"，激发学生对三星堆的喜爱，培养民族自豪感
责任担当	通过小组合作在组内讨论形成研学方案
问题解决	通过行前总结回顾前期学到的知识，尝试使用基础逻辑结构提问的方法研究文物，了解三星堆的文物
创意物化	制订研学方案
跨学科素养	
语文	从不同角度思考，提出自己的问题，并试着解决；学写简单的研究性报告；策划简单的校园活动，学写策划书
科学	能通过分析与综合、比较与分类、归纳与演绎、联想与想象等科学方法发现问题；能提出问题、作出假设、处理信息、得出结论
道德与法治	了解中华优秀传统文化的一些代表性成果及意义；自信乐观，与他人平等交流与合作，建立良好的同伴关系；能清楚地表达自己的感受和见解，倾听他人的意见
信息技术	能根据需要有效搜索所需的学习资源
艺术	审美感知：能运用造型元素、形式原理欣赏、评述、感受作品的魅力 文化理解：能将美术与自然、社会相融合，探究各种问题，提高综合探究与学习的迁移能力

活动工具：
（1）学生实地研究行前问题链。
（2）学生任务单：三星堆实地研究任务单。

任务一：梳理学习收获

同学们，前面几课，我们围绕"三星堆"这个话题，一起对"三星堆"进行了探究，你能通过基础逻辑结构提问的方式来梳理一下你前期研究、学习的收获吗？梳理完成后再将你的收获介绍给他人。注意在介绍时，姿态自然大方，语言生动有趣哦！

是什么	（可关注：时期、地点、作用等方面）
怎么样	（可关注：衣、食、住、神秘之处等方面）
为什么	（可从三星堆的历史意义或自己提出的追问切入）

介绍时你是否	符合请打"√"
内容清晰、完整	
有一定语言结构，层次清晰	
语言清晰、流畅、较完整，听众能听懂	
语言生动、有趣，听众感兴趣	
能保持与观众的眼神交流，音量合适	
能倾听别人介绍，不打断	
对他人的介绍给予正面的赞美和鼓励	

任务二：发现感兴趣的文物

你知道吗？

三星堆文物的世界之最：

世界上最早、树株最高的青铜神树。世界上最早的金杖。

世界上最大、最完整的青铜大立人像。世界上最大的青铜纵目面具。

世界上一次性出土最多的青铜人头像、面具。

活动成果：

_____

_____

活动评价：

关注三星堆博物馆公众号，在语音导览中找到"VR精灵"导览，探秘三星堆中最重要、最有趣的15件（组）神秘文物吧！

。陶三足炊器	。陶动物一组	。大石璧
。大立人	。青铜鸡	。祭山图玉边璋
。金杖	。青铜神树	。青铜纵目面具
。青铜眼形器	。戴金面罩青铜人	。青铜鸟脚人像
。青铜太阳轮	。青铜喇叭座顶尊人像	。青铜龙柱形器

我还知道在三星堆展厅展出的神秘文物：_____

_____

_____

学习小妙招

　　同学们，研究一段历史文化，我们可以用"是什么—怎么样—为什么"这样的基础逻辑结构研究法来提出问题，逐步深入研究。在研究单个文物时，我们也可以用这样的方法来进行探究！试试吧！

　　请你选择以上其中一件自己最感兴趣的文物，尝试根据"是什么—怎么样—为什么"去展开研究，并把你的发现和同学一起分享。

　　我最感兴趣的文物是＿＿＿＿＿（是什么），它的特点是＿＿＿＿＿＿＿＿＿＿＿（怎么样），我推测这是用来＿＿＿＿＿＿（做什么），我这样推测的原因是＿＿＿＿＿＿＿＿＿＿＿（为什么）。

　　任务三：设计研学计划

　　带着疑问，让我们来到三星堆博物馆，开启"探秘三星堆　梦回古蜀国"的跨时空研学吧！

　　第一步：确定一个研究主题。

　　在小组中开展一场头脑风暴，再选出共同想要探寻的主题：

　　寻龙之旅：＿＿＿＿＿＿＿＿＿＿＿＿＿＿

　　图腾猜想：＿＿＿＿＿＿＿＿＿＿＿＿＿＿

　　祭祀大典猜想：＿＿＿＿＿＿＿＿＿＿＿

第二步：聚焦一件神秘文物。

根据这件＿＿＿＿＿＿＿＿（文物名称）的细节特点，分小组开展一场头脑风暴，提出自己的疑惑，梳理如下：

我们将在之后的研学中寻找这些问题的答案！

我们小组里其他有意思的问题：

开启你的研学之旅吧！
试着设计你们小组的研学方案。

活动主题：

活动时间：

活动地点：

参与人员及分工：

活动内容：

研究笔记

文物名称（是什么）：
_____

文物特点（怎么样）：
_____
_____

文物传递的信息（为什么）：
_____
_____

我还知道：
_____
_____

文物名称（是什么）：
_____

文物特点（怎么样）：
_____
_____

文物传递的信息（为什么）：
_____
_____

我还知道：
_____
_____

文物名称（是什么）：

_____

文物特点（怎么样）：

_____

_____

文物传递的信息（为什么）：

_____

_____

我还知道：

_____

_____

文物名称（是什么）：

_____

文物特点（怎么样）：

_____

_____

文物传递的信息（为什么）：

_____

_____

我还知道：

_____

_____

文物名称（是什么）：
_____

文物特点（怎么样）：
_____
_____

文物传递的信息（为什么）：
_____
_____

我还知道：
_____
_____

金杖纹饰

文物名称（是什么）：
_____

文物特点（怎么样）：
_____

文物传递的信息（为什么）：
_____
_____

我还知道：
_____
_____

文物名称（是什么）：
_____

文物特点（怎么样）：
_____
_____

文物传递的信息（为什么）：
_____
_____

我还知道：
_____
_____

文物名称（是什么）：
_____

文物特点（怎么样）：
_____
_____

文物传递的信息（为什么）：
_____
_____

我还知道：
_____
_____

第四部分　设计与制作

适合年段：三至六年级
建议课时：1课时+自主设计制作2～3周

活动目标	
价值体认	通过对前期考察探究形成的成果进行创意设计，形成活动成果，增强学生的实践能力，传承文化
责任担当	用实践的方式，培养学生传承中国文化的责任与担当
问题解决	在实践中解决"做什么"和"怎么做"的问题，尝试用自己的知识和能力把想法变成现实
创意物化	设计并制作一款讲述三星堆故事的作品
跨学科素养	
语文	观察大自然和社会，积极思考，尝试运用表格、图像、音频等多种媒介进行展示和探究
数学	培养统筹规划的综合实践应用能力
科学	能通过分析与综合、比较与分类、归纳与演绎、联想与想象等科学方法发现问题、提出问题。在表达中，能大胆提出自己的见解，善于与他人合作和分享。有技术与工程意识，能利用身边可制作加工的材料和简单工具动手完成简单的任务
道德与法治	具备积极向上、锐意进取的人生态度，能够适应变化，不怕挫折
信息科技	能根据需要有效搜索所需的学习资源
艺术	综合运用多学科知识进行艺术创新设计，培养学生的创新意识，提高艺术实践能力
劳动	在劳动中主动克服困难，初步培养积极探索、追求创新的精神

亲爱的同学们，结束了三星堆的文化探寻阶段，相信大家对三星堆的文化有了许多新的认识和理解。那要怎么把已知的精彩，通过生动、有趣的创意表达出来，向到四川旅游的朋友介绍呢？

你怎样向到四川旅游的朋友介绍三星堆古蜀文明？

介绍什么？为什么？

我想着重向他人介绍三星堆＿＿＿＿＿＿＿方面的内容，因为＿＿＿＿＿＿＿＿＿＿＿＿＿＿＿＿＿＿＿＿＿＿＿＿

＿＿＿＿＿＿＿＿＿＿＿＿＿＿＿＿＿＿＿＿＿＿＿＿＿＿＿＿

怎么介绍？

来一场关于设计的头脑风暴吧！你想通过什么来表现？用关键词的方式来写一写吧！比比谁想得多！

绘本

三星堆青铜模型

经过讨论，我们组选择的表现方式是 _____，
因为 _____

_____。

设计初稿（如需更多篇幅请另准备设计稿纸）：

制作作品

根据预设的草图尝试制作，你也可以在制作中
进行修改，让你的作品尽善尽美。

制作过程记录：

用关键词的方式，记录下在制作过程中遇到的困难
及解决方法。

问题一：_____

解决方法：_____

问题二：_____

解决方法：_____

问题三：＿＿＿＿＿＿＿＿＿＿＿＿＿＿＿＿
解决方法：＿＿＿＿＿＿＿＿＿＿＿＿＿＿＿

问题四：＿＿＿＿＿＿＿＿＿＿＿＿＿＿＿＿
解决方法：＿＿＿＿＿＿＿＿＿＿＿＿＿＿＿

问题五：＿＿＿＿＿＿＿＿＿＿＿＿＿＿＿＿
解决方法：＿＿＿＿＿＿＿＿＿＿＿＿＿＿＿

备注：＿＿＿＿＿＿＿＿＿＿＿＿＿＿＿＿＿
＿＿＿＿＿＿＿＿＿＿＿＿＿＿＿＿＿＿＿

在最终作品成功后，可绘制或以照片的方式，在下方展示你的终极作品设计图。看看与初稿相比，做了哪些改变？为什么？

描述你的最初设计图与最终作品之间的差异，以及修改的原因：

设计制作过程自我评估

参与设计阶段评价维度	符合请打"√"
是否都积极参与	
小组分工是否明确	
是否尽力完成团队任务	
是否积极且有效地解决设计制作中遇到的问题	
小组的团队协作能力在过程中是否有所提升	

设计制作成果评估

设计成果评价维度	符合请打"√"
作品材料的选择是否合适	
作品是否完整且稳定	
作品是否表现出预设中想要传递的主题	

对小组的这款作品，在设计和制作的过程中，是否有记忆深刻的细节：＿＿＿＿＿＿＿＿＿＿＿＿＿＿

＿＿＿＿＿＿＿＿＿＿＿＿＿＿＿＿＿＿＿＿＿＿＿＿＿＿

＿＿＿＿＿＿＿＿＿＿＿＿＿＿＿＿＿＿＿＿＿＿＿＿＿＿

＿＿＿＿＿＿＿＿＿＿＿＿＿＿＿＿＿＿＿＿＿＿＿＿＿＿

设计制作总结：＿＿＿＿＿＿＿＿＿＿＿＿＿＿＿＿＿＿

＿＿＿＿＿＿＿＿＿＿＿＿＿＿＿＿＿＿＿＿＿＿＿＿＿＿

＿＿＿＿＿＿＿＿＿＿＿＿＿＿＿＿＿＿＿＿＿＿＿＿＿＿

＿＿＿＿＿＿＿＿＿＿＿＿＿＿＿＿＿＿＿＿＿＿＿＿＿＿

第五部分　作品发布

适合年段：三至六年级　　　　建议课时：2课时

活动目标	
价值体认	通过成果展示，激活内驱力、激发民族自豪感，进一步传承、传播文化
责任担当	用实践的方式，激发学生内驱力，培养学生传承中国文化的责任与担当
问题解决	在展示中尝试用多元手段，使展示内容明了、亮点突出，形式吸引观众，达到预期的展示效果
创意物化	用自己喜欢的形式讲述三星堆的故事
跨学科素养	
语文	乐于表达，能尊重和理解对方，表达有条理
数学	在评价活动中培养学生的自我反思能力
科学	能通过分析与综合、比较与分类、归纳与演绎等科学方法发现问题、提出问题。在表达中，能大胆提出自己的见解，善于与他人合作和分享
道德与法治	开放包容，理性表达意见，树立正确的合作与竞争观念。具有自尊自强、坚韧乐观的心理素质和道德品质
信息科技	信息意识：能有效寻找数字平台与资源解决问题 数字化学习与创新：能有效管理学习过程与学习资源，开展拓展性学习，创造性地解决问题 信息社会责任：具有自我保护意识和能力，遵守相关法律法规，规范使用互联网
艺术	运用设计知识，评述自己和他人的设计作品，提高表达、分析的能力和水平
劳动	树立劳动创造美好生活的社会责任感

同学们通过劳动亲手设计制作出的作品，一定是你们组引以为豪的，那就在班级中来一场作品发布会吧，向别人展示你们的成果。

发布会的准备

作品发布会	负责人	所需人员配合及相关资源
作品发布文案		
作品发布演示文稿		
发布会现场设计布置		
发布会排演		
互动环节设计及现场答疑		

请将你们的发布会场上的照片贴在下面方框里。

079

在成果发布时，做个评委，公正地给分吧，相信在倾听、评价中，你会有相当的收获！

评分细则：

每项总分10分，表现合格为6分，表现不错为7~8分，表现优异为9~10分。

分类			分值					我们组
介绍内容	主题明确	10						
	内容清晰	10						
	亮点突出	10						
语言表达	表达清晰结构分明	10						
	有感染力说服力	10						
成果表现	分析力	10						
	评价能力	10						
	创造力	10						
团队合作	分工合理协作高效	10						
	展示效果好	10						
总分		10						
名次								

在观看各组展示时，我发现关注以下方面可以提升表达或展示的效果：

你在发布会上的表现，符合的请打"√"。也请一位小组中的同伴对你进行评价。

内容	细则	自评	同伴评
前期准备	在合作中积极协同、配合		
	能适时提出自己的意见		
	尊重组内成员的建议和想法		
发布会现场表现	上台后姿态适宜		
	发布会上声音大小合适，与观众有眼神沟通		
	语言清晰、完整		
	表达流畅、有条理		
	介绍自信、有说服力		
	有合适的肢体语言		
	现场答疑应变能力较好		
发布会参与表现	能倾听表达，不打断他人说话		
	能适宜地提出自己的疑问或建议		

发布会感受：

第三章

综合实践活动总结

　　同学们，我们"探秘三星堆　梦回古蜀国"综合实践活动已经接近尾声，相信大家收获颇丰吧！让我们来梳理总结一下，我们通过这次活动都获得了哪些知识，提升了哪些能力呢？

我知道了这些知识：

_____　_____　_____

_____　_____　_____

_____　_____　_____

这些能力提升了：

_____　_____　_____

_____　_____　_____

_____　_____　_____

我还想知道：

_____　_____　_____

_____　_____　_____

_____　_____　_____

接下来，我还想做：

_____　_____　_____

_____　_____　_____

_____　_____　_____

家长朋友：

　　您好，孩子们历经十几周的探索，学会了在追问中探寻、发现、总结、追问……用他们的行动和智慧解读着这数千年前的历史，用自己的语言和创作表达着对这份丰富文化的理解，用自己的行动传承着令我们共同骄傲的中华文化。请您在听完您的孩子或其所在小组的介绍后，回答以下问题。

　　我从孩子的介绍中了解了关于三星堆的知识有：

_____

_____

　　在"探秘三星堆　梦回古蜀国"综合实践活动中，我的孩子有了这样的变化：

_____

_____

　　我对这次"探秘三星堆　梦回古蜀国"综合实践活动的感想和建议：

_____

_____

执行老师评价：

您可以通过以下几方面对积极参与、努力让自己变得更好的孩子进行评价。

探索研究	问题解决	创意物化	责任担当

"探秘三星堆 梦回古蜀国"综合实践活动总评：